BEI GRIN MACHT SICH IHR WISSEN BEZAHLT

Bibliografische Information der Deutschen Nationalbibliothek:

Die Deutsche Bibliothek verzeichnet diese Publikation in der Deutschen National-
bibliografie; detaillierte bibliografische Daten sind im Internet über http://dnb.d-
nb.de/ abrufbar.

Impressum:

Copyright © 2019 GRIN Verlag
Druck und Bindung: Books on Demand GmbH, Norderstedt Germany
ISBN: 9783346116796

Dieses Buch bei GRIN:

https://www.grin.com/document/520325

Thomas Baranowski

Scrum im Embedded Systems Development

GRIN Verlag

GRIN - Your knowledge has value

Der GRIN Verlag publiziert seit 1998 wissenschaftliche Arbeiten von Studenten, Hochschullehrern und anderen Akademikern als eBook und gedrucktes Buch. Die Verlagswebsite www.grin.com ist die ideale Plattform zur Veröffentlichung von Hausarbeiten, Abschlussarbeiten, wissenschaftlichen Aufsätzen, Dissertationen und Fachbüchern.

Besuchen Sie uns im Internet:

http://www.grin.com/

http://www.facebook.com/grincom

http://www.twitter.com/grin_com

Thomas Baranowski

Thema: Scrum im Embedded Systems Development

Datum: 20.10.2019

Inhaltsverzeichnis

Die 4. industrielle Revolution – Herausforderung für das Projektmanagement 3

Agilität als Antwort auf Vernetzung und Komplexität 3

Embedded Systems 5

Projektmanagement 6

Klassische Methoden 7

Agile Methoden des Projektmanagements 8

Scrum als agile Projektmanagement Methode 9

Elemente von Scrum – Rollen, Artefakte, Besprechungen 10

Rollen 10

Artefakte 11

Besprechungen 12

Der Scrum Prozess 13

Scrum und Anforderungen an die Entwicklung von Embedded Systems 14

Scrum im Embedded Systems Development 15

Ausblick 17

Literaturverzeichnis 19

Abbildungsverzeichnis 20

Die 4. industrielle Revolution – Herausforderung für das Projektmanagement

Industrie 4.0; Internet of Things, Smarte Produkte, Digitalisierung – sie alle basieren auf der rasanten Entwicklung der Informationstechnologie seit den 1960er Jahren – der sogenannten 3. industriellen Revolution: „Diese Revolution wurde getrieben durch die Elektronik und später die Informations- und Kommunikationstechnologie..."[1]. Im Rahmen der 3. industriellen Revolution haben eingebettete Systeme Einzug in Maschinen und Produkte gehalten. Typische Beispiele eingebetteter Systeme – im Folgenden als Embedded Systems bezeichnet – sind Steuergeräte in Kraftfahrzeugen, Steuerungen von Industrieanlagen aber auch Haushaltsgeräten oder auch Messanlagen für Luftverschmutzung. Industrie 4.0 als Synonym für die 4. industrielle Revolution entsteht durch die Vernetzung von Systemen: „Industrie 4.0 steht für eine schnellere, effiziente und flexible Fabrik...Technische Grundlage hierfür bilden intelligente und vernetzte Systeme."[2] Porter und Heppelmann stellen im Harvard Business Manager fest: „Was wir momentan erleben, ist der möglicherweise tiefgreifendste Wandel im Fertigungssektor seit der zweiten industriellen Revolution vor mehr als 100 Jahren"[3]. Über den rein industriellen Charakter hinaus ermöglicht die Vernetzung von Systemen und die Nutzung der in diesen Systemen entstehenden Daten neue Geschäftsmodelle.

Aus dem Zusammenspiel von eingebetteten Systemen, von Daten und neuen Geschäftsmodellen entsteht die Digitalisierung: „Digitalisierung bezeichnet den Wandel zu neuartigen, häufig disruptiven Geschäftsmodellen mittels Informations- und Kommunikationstechnik"[4]. Gleichzeitig steigt mit der Anzahl neuer Geschäftsmodelle und der Vernetzung von immer mehr Systemen auch die Komplexität – was vor allem vor dem Hintergrund des Einsatzes von sicherheitsrelevanten Systemen die Entwicklung von Embedded Systems vor große Herausforderungen stellt. Höhere Komplexität, höhere Relevanz für die Sicherheit der Nutzer, schnellere Time-to-Market zur Sicherung des Geschäftserfolgs – hier stellt sich die Frage wie die Entwicklung von Embedded Systems im Umfeld der Digitalisierung – deren Basis sie selber sind – zu geschehen hat. Welche Auswirkungen hat dies auf das Projektmanagement? Sind agile Methoden aus der Softwareentwicklung geeignet, diesen Anforderungen gerecht zu werden? Am Beispiel von Scrum soll dies im Folgenden untersucht werden.

Agilität als Antwort auf Vernetzung und Komplexität

Sowohl Gross [5] wie auch Hanschke bezeichnen Digitalisierung als „Game Changer": „Die Digitalisierung ändert die Spielregeln. Volatile Märkte, steigende Bedeutung von Wertschöpfungsnetzwerken, neue Wettbewerber und gleichzeitig Fachkräftemangel erfordern ein Umdenken."[6] Als Konsequenz aus der Digitalisierung verändern sich die Anforderungen und Herausforderungen an Unternehmen und Personen: „Das Akronym „VUKA" steht für die Wörter Volatilität, Unsicherheit, Komplexität und Ambivalenz, also für die Auswirkung der verschiedenen Elemente und gegenseitigen Einflüsse im „Big Picture" der digitalen Transformation"[7] Wie also diesen Herausforderungen begegnen? Lang und Scherber stellen fest: „Agiles Vorgehen gibt

---

[1]Bauernhansl, ten Hompel, Vogel-Heuser: Industrie 4.0 in Produktion, Automatisierung und Logistik, S. 7
[2]Hanschke: Digitalisierung und Industrie 4.0, S. 3
[3]Porter, Heppelmann in Harvard Business Manager – Edition 3/2018 Digitalisierung, S. 6
[4]Hanschke: Digitalisierung und Industrie 4.0, S. 3
[5]Gross: Digital Leader Gamebook, S. 25
[6]Hanschke: Digitalisierung und Industrie 4.0, S. 51
[7]Gross: Digital Leader Gamebook, S. 59

neue Ansatzpunkte, auf Veränderungen zu reagieren und mit der Unsicherheit umzugehen."[8] Sie nehmen auch Bezug auf den Ursprung des agilen Vorgehens in der IT: „Agilität, oder das was wir heute darunter verstehen, entstand Ende der 1990er-Jahre als Reaktion und Gegenbewegung zu klassischen Planungsmethoden wie etwa dem Wasserfallmodell. Damals nahm die Bedeutung von IT zu."[9] Agilität wird als Antwort auf die Herausforderungen durch die Digitalisierung gesehen und definiert als „...Fähigkeit eines Unternehmens, sich kontinuierlich entlang von Nutzerbedürfnissen an seine komplexen, turbulenten und unsichere Umwelt anzupassen..."[10].

Die Konsequenz einer von den Akronymen VUKA dominierten Umwelt ist eine verstärkte Tendenz zur Entscheidung unter Unsicherheit. Hierbei gilt es, verschiedene Ausprägungsmerkmale von Unsicherheit zu erfassen, um die passenden Kriterien für Entscheidungen bei Unsicherheit – ergo fehlender Transparenz oder fehlendes Wissen – erfolgreich zu identifizieren. Im technologischen Umfeld wird diese Einteilung häufig mithilfe der Stacey Matrix vorgenommen:

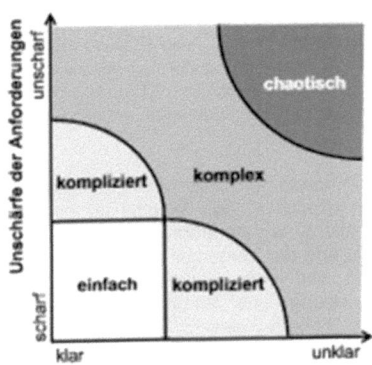

Bild 1-1 Stacey-Matrix symbolisch dargestellt

Abbildung 1: Stacey Matrix (Goll, Hommel: Mit Scrum zum gewünschten System, S. 3)

Der Grad der Unklarheit und Unschärfe bestimmt den Zustand (einfach, kompliziert, komplex oder chaotisch – außer Kontrolle) und damit die einzusetzende Entscheidungsstrategie. Je unklarer und unschärfer, umso mehr eignen sich empirische Ansätze, um fehlendes Wissen durch Erfahrungswissen zu substituieren: „Ein empirischer[1] Entwicklungsprozess, der sich fortlaufend an die gemessenen Veränderungen anpasst, also ein **adaptiver Entwicklungsprozess**, eignet sich besonders gut, wenn man sich zu Beginn eines Projekts in einem weitgehend unbekannten Gelände mit unklaren Forderungen und einer unklaren Lösungstechnologie, also im **komplexen Bereich der Stacey-Matrix**, befindet."[11]

Empirismus – ergo Nutzung von Erfahrungswissen als Basis von Entscheidungen - beruht auf

---

[8]Lang, Scherber: Auf dem Weg zum agilen Unternehmen, S. 25
[9]Lang, Scherber: Auf dem Weg zum agilen Unternehmen, S. 22
[10]Lang, Scherber: Auf dem Weg zum agilen Unternehmen, S. 11
[11]Goll, Hommel: Mit Scrum zum gewünschten System, S. 5

drei Voraussetzungen[12]:

- Transparenz – Verfügbarkeit und Sichtbarkeit von Informationen
- Überprüfung – Hinterfragen der eigenen Vorgehensweise (Generierung neuen Wissens)
- Anpassung – Anpassung der eigenen Vorgehensweise bei im Rahmen der Überprüfung ermittelten Abweichungen

Die letzten beiden Punkte werden häufig als „Inspect and Adapt" zusammengefasst. Zusammengenommen ist ein auf Empirismus und seinen Voraussetzungen beruhender Entwicklungsprozess die Befähigung, Entscheidungen unter Unsicherheit zu schaffen und gegebenenfalls anzupassen. Dies wiederum ist oben als Agilität definiert (vgl. Lang, Scherber: Auf dem Weg zum agilen Unternehmen, S. 10).

Embedded Systems

Embedded Systems sind„...datenverarbeitende Systeme, die in übergeordnete Systeme eingeordnet sind"[13]. Innerhalb dieser übergeordneten Systeme führen Embedded Systems bestimmte Aufgaben aus, sie sind zweckbezogen entwickelt: „An embedded system is a computerized systems that is purpose-built for its application"[14]. Konkrete Beispiele für Embedded Systems sind beispielsweise Assistenzsysteme in Fahrzeugen (vom ABS über die Rückfahrassistenten) und Flugzeugen, Selbstbedienungskassen im Einrichtungshaus, Steuerungen von Küchengeräten und ganz alltäglich das Smartphone mit seinen Embedded Funktionen – man denke hier nur an die GPS Navigation.

Embedded Systems lassen sich in unterschiedliche Systemkategorien einteilen und stellen dadurch unterschiedliche Anforderungen an ihre Entwicklung:"...

- eingebettete Systeme, die Steuerungs- und Regelungsaufgaben wahrnehmen und keine offenen Bedienungs-Schnittstellen zum Benutzer haben...
- Geräte, die von der Fachfrau bzw. dem Fachmann bedient werden...
- Datenendgeräte, die von der Fachfrau bzw. dem Fachmann bedient werden...
- Selbstbedienungsgeräte, die von Laien benutzt werden...
- Mobile, tragbare Geräte für die private und geschäftliche Nutzung mit und ohne drahtlose Verbindung zu einer Basisstation..."[15]

Mikroprozessoren stellen die Basis von Embedded Systems dar und entfalten ihr Potential vor allem durch die Kombination mit Sensoren und Aktoren und zunehmend mit der gegenseitigen Vernetzung der Systeme sowie der Auswertung der durch die Nutzung von Embedded Systems gewonnenen Daten. Durch die technologische Entwicklung dieser Produkte und ihrer Verfügbarkeit entstehen immer mehr neue Anwendungsfälle: „Das Spektrum potenzieller Dienstleistungen, die durch intelligente, vernetzte Produkte möglich werden, ist schier endlos."[16]

Durch ihre vielfältigen Anwendungsgebiete und Kombinationsmöglichkeiten stellen Embedded System eine besondere Herausforderung für Entwickler dar: „Embedded Systems are special, offering special challenges to developers."[17] Diese besonderen Anforderungen sind unter

---

[12]Dräther, Koschek, Sahling: Scrum – kurz & gut, S. 14 ff
[13] Lange, Martin, Schweizer: Eingebettete Systeme, 2.Auflage, S. 1
[14]White: Making Embedded Systems, S. 1
[15]Lange, Martin, Schweizer: Eingebettete Systeme, 2. Auflage, S. 3
[16]Porter, Heppelmann in Harvard Business Manager – Edition 3/2018 Digitalisierung, S. 11
[17]White: Making Embedded Systems, S. 2

anderem:"...

- Echtzeitverhalten, Verarbeitungsgeschwindigkeit,
- Wartbarkeit,
- Wiederverwendbarkeit und Skalierbarkeit (...),
- verteilte Implementierung (verteilte Systeme),
- Erweiterter Temperaturbereich (z.b. bei militärischen Geräten),
- manipulationssicher, sicher gegen Vandalismus (z.b. bei Selbstbedienungsgeräten)"[18]

Diesen besonderen Herausforderungen und Anforderungen, sowohl an die funktionalen wie auch nicht-funktionalen Anteile eines Embedded Systems sind bei der Entwicklung unter anderem durch die Wahl eines geeigneten Projektmanagements zu berücksichtigen.

Projektmanagement

Sind komplexere Aufgaben unter Einbeziehung unterschiedlicher Personen oder Abteilungen zu realisieren, bietet es sich an, diese Aufgabe im Rahmen von Projekten durchzuführen.Ein Projekt ist gemäß DIN 69901 definiert als „ein Vorhaben, das im wesentlichen durch die Einmaligkeit der Bedingungen in ihrer Gesamtheit gekennzeichnet ist, wie z.b.

- Zielvorgabe
- zeitliche, finanzielle, personelle und andere Begrenzungen,
- Abgrenzung gegenüber anderen Vorhaben
- projektspezifische Organisation"[19]

Ein Projekt bedarf zur erfolgreichen Durchführung einer Steuerung. Diese wird durch das Projektmanagement gewährleistet, wobei Projektmanagement gemäß DIN 69901 „...die Gesamtheit von Führungsaufgaben, -organisation, -techniken und – mittel für die Abwicklung eines Projekts..."[20] darstellt. Während die Führungsaufgabe eher in den Bereich von Personalführung fällt, haben sich unter den Begriffen der Projektorganisation, Projekttechniken und Projektmittel im Laufe der Zeit unterschiedliche Projektmanagementmethoden herausgebildet. In der Softwareentwicklung sind das Wasserfallmodell, das Spiralmodel und das V-Modell als gesamtheitliche Methoden einzuordnen, da sie Organisation, Techniken und Mittel zu einer Methode zusammenfassen. Die Critical Path Method als Beispiel ist dem Bereich der Projekttechnik zuzuordnen und kann in verschiedenen Projektmanagementmethoden genutzt werden.

In jüngerer Zeit ist mit den Begriffen der „klassischen" und der „agilen" Methoden eine weitere Differenzierung aufgetreten, die dem Aufkommen von unter dem Eindruck der Forderung nach Agilität entstandenen neuen Projektmanagementmethoden geschuldet ist.

---

[18]Lange, Martin, Schweizer: Eingebettete Systeme, 2. Auflage, S. 121
[19]Schelle: Projekte zum Erfolg führen, S. 11
[20]Schelle: Projekte zum Erfolg führen, S. 11

Klassische Methoden

Mit dem Entstehen agiler Methoden wurde früher entstandene Projektmanagementmethoden als „klassische Methoden" kategorisiert. Zu den klassischen Methoden zählen das Wasserfallmodell, das Spiralmodel und auch das V-Modell. Für die sogenannten klassischen Methoden: „Der gesamte Entwicklungsprozess ist in Phasen mit bestimmten Zielsetzungen aufgeteilt."[21] Die Entwicklung findet – mit Rückkopplungsschleifen – in verschiedenen Phasen statt. Erst mit definiertem Abschluss einer Phase wird die nächste Phase gestartet – in der unten stehenden Abbildung also mit Durchlauf einer Verifizierungsschleife der vorangegangenen Phase.

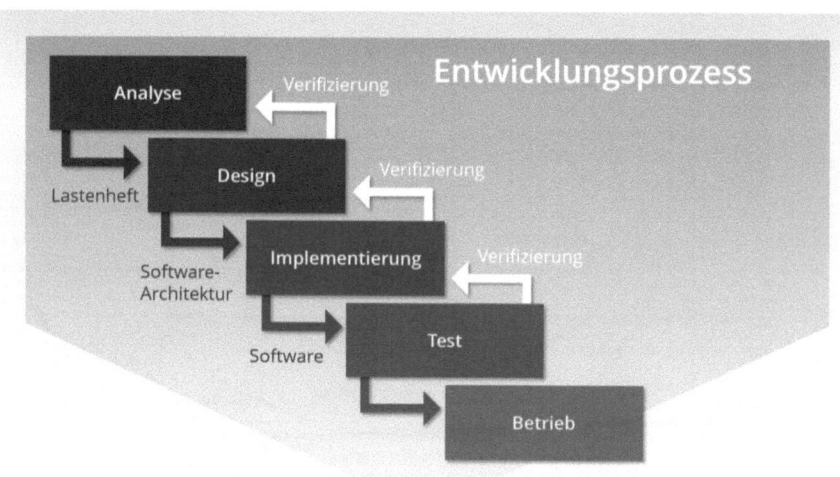

Abbildung 2: Wasserfallmodell (Quelle: https://www.ionos.de/digitalguide/websites/web-entwicklung/wasserfallmodell/ zuletzt aufgerufen am 19.10.2019)

Auch Spiral- und V-Modell nutzen Phasen im Projekt, um zu einem funktionsfähigen Produkt zu gelangen. Die Entwicklung von Funktionalität und Architektur eines Systems findet vollständig in den jeweiligen Phasen statt – vom Lastenheft bis zum betriebsfertigen Produkt. Der Entwicklungsprozess findet in sequentiellen Blöcken statt und das Ergebnis des jeweiligen Blocks ist durch das Lastenheft definiert. Das ausgelieferte Produkt entspricht somit einer im Lastenheft vor Projektstart definierten Leistung.

---

[21]Lange, Martin, Schweizer: Eingebettete Systeme, 2. Auflage, S. 129

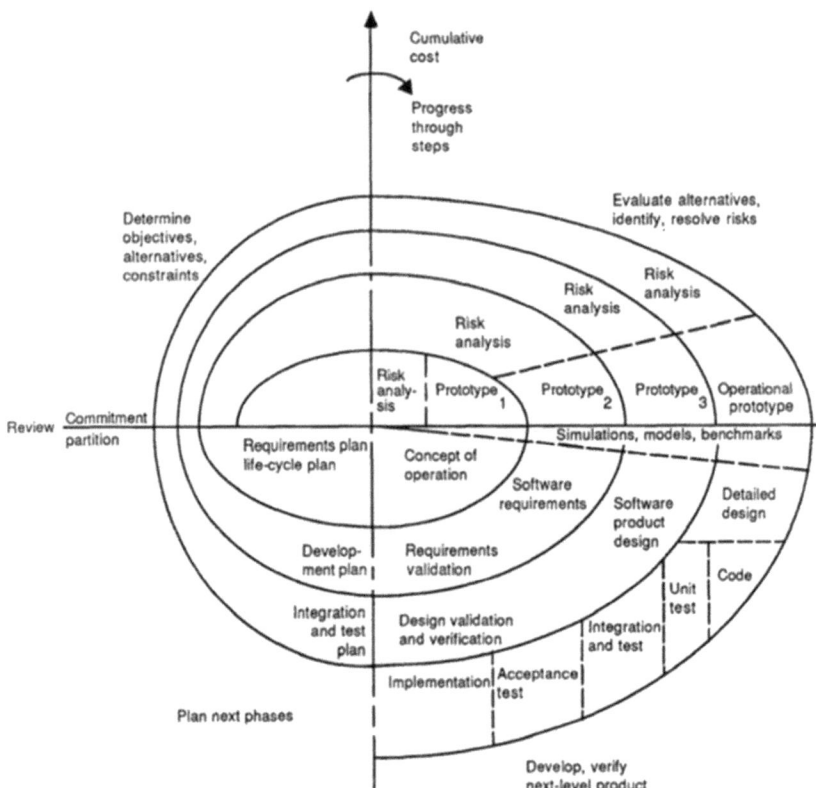

Abbildung 3: Spiralmodell (Quelle: http://www.enzyklopaedie-der-wirtschaftsinformatik.de/lexikon/is-management/Systementwicklung/Vorgehensmodell/Spiralmodell, zuletzt aufgerufen am 19.10.2019)

Agile Methoden des Projektmanagements

Um Projekte in einem von den oben diskutierten VUKA-Faktoren beeinflussten Umfeld erfolgreich realisieren zu können, sind entsprechende Planungsmethoden zu entwickeln und einzusetzen: „Gebraucht wird eine **adaptive Projektdurchführung**, die fehlendes Wissen kompensiert und sich der jeweiligen Situation anpasst"[22]. In der Softwareentwicklung wurde bereits in den 1990er Jahren erkannt, dass neue Ansätze zum Projektmanagement benötigt wurden. Mit dem 1994 veröffentlichten CHAOS-Report, der die Fehlerquote von mehr als 8.000 Projekten untersuchte, wurde offenbar, dass nur 16% aller Projekte ohne Mängel und zu den geplanten Kosten und in

---

[22]Goll, Hommel: Mit Scrum zum gewünschten System, S. 2

der geplanten Zeit fertig wurden[23].

Zur selben Zeit wurde in der Industrie das Konzept des Toyota Production Systems (TPS) als „Lean Production" und „Lean Management" durch die Arbeit von Jones, Womack und Ross bekannt – vor allem durch ihre am Massachusetts Institute for Technology (MIT) durchgeführte Studie „Die zweite Revolution in der Autoindustrie"[24]. Die Prinzipien des Lean Management haben die Entwickler neuer Methoden zum Projektmanagement mit beeinflusst – wie an der agilen Methode „Kanban" aber auch an diversen Elementen von Scrum offenbar wird.

Somit wurden seit Beginn der 1990er-Jahre auch unter dem Einfluß von Lean Management neuen Methoden zum Projektmanagement in der IT entwickelt. Im Jahr 2001 trafen sich im US-Bundesstaat Utah 17 Entwickler unterschiedlicher Softwareentwicklungsmethoden und untersuchten, ob gemeinsame Prinzipien ihrer Arbeit zugrunde lagen[25]. Am Ende dieses Treffens wurde das „Agile Manifest" verabschiedet: „Dieses besteht aus vier Werten in Form von Gegensatzpaaren und zwölf Prinzipien und gilt als Ursprung agilen Arbeitens(vgl. Beck et al. 2001)."[26]

Die vier Wertepaare des agilen Manifests weisen alle Elemente des Empirismus und formulieren somit Agilität in der Softwareentwicklung[27]:

- Individuen und Interaktionen mehr als Prozesse und Werkzeuge (Transparenz)
- Funktionierende Software mehr als umfassende Dokumentation (Überprüfen und Anpassen)
- Zusammenarbeit mit dem Kunden mehr als Vertragsverhandlung (Transparenz)
- Reagieren auf Veränderung mehr als Befolgen des Plans (Überprüfen und Anpassen)

Über die Empire hinaus ist die inkrementelle, also Produktentwicklung in kleinen abgeschlossenen Schritten als typisches Kennzeichen des agilen Projektmanagements zu nennen. Im Rahmen der agilen Entwicklung entstanden unterschiedliche agile Projektmanagementmethoden, wie zum Beispiel: eXtreme Programming, Kanban, Feature Driven Development und Scrum.

Scrum als agile Projektmanagement Methode

Scrum ist eine aus dem Rugby entlehnte Bezeichnung für Gedränge beim Freistoß[28]. Mit diesem Namen Scrum wird ein im Umfeld der Softwareentwicklung entstandenes Regelwerk zum Projektmanagement bezeichnet.. Dräther, Koschek und Sahling weisen explizit darauf hin, dass es sich bei Scrum nicht um einen Prozess sondern um ein Regelwerk – ein sogenanntes Framework - handelt[29]. Der Fokus von Scrum liegt nicht auf der technischen Durchführung für ein Softwareprojekt, sondern auf dem organisatorischen Rahmen. Die Entwickler von Scrum bedienten sich während der Entstehung vieler Methoden des zur Entwicklungszeit von Scrum gerade viel diskutierten Toyota Production Systems (TPS), das auch als „Lean Management" große Bekanntheit erlangt hat. Somit erlangte Scrum eine große Popularität über die Softwareentwicklung hinaus: „Scrum sprach als **organisatorisches Regelwerk**...nicht nur die

---

[23]Dräther, Koschek, Sahling: Scrum – kurz & gut, S. 16
[24]Womack, Jones, Roos: Die zweite Revolution in der Autoindustrie
[25]Dräther, Koschek, Sahling: Scrum – kurz & gut, S. 16
[26]Lang, Scherber: Auf dem Weg zum agilen Unternehmen, S. 22
[27]Dräther, Koschek, Sahling: Scrum – kurz & gut, S. 18 ff
[28]Goll, Hommel: Mit Scrum zum gewünschten System, S. 82
[29]Dräther, Koschek, Sahling: Scrum – kurz & gut, S. 13

Entwickler, sondern auch das Management an. Deshalb entwickelte sich Scrum zum de facto Standard der agilen Softwareentwicklung."[30]

Typisch für Scrum sind neben den für agile Methoden charakteristischen Merkmalen Transparenz von Information sowie dem iterativ – inkrementellen Vorgehen und dem Ansatz von Inspect and Adapt die Mitwirkung des Kunden – vor allem bei der Priorisierung von Aufgaben- und das sich selbst organisierende Projektteam.[31] Gerade das iterativ-inkrementelle Vorgehen, sprich die Unterteilung von Anforderungen und deren Umsetzung in kleinere Pakete und das wiederholte Durchlaufen von Entwicklungsarbeiten unterstützt das empirische Lernen in einem unsicheren Entwicklungsumfeld und charakterisiert agile Projektmanagementmethoden.

Scrum besitzt als Projektmanagementmethode eigene Elemente, die das Rahmenwerk und den Projektentwicklungsprozess innerhalb eines mittels Scrum realisierten Entwicklungsprojekts abbilden.

Elemente von Scrum – Rollen, Artefakte, Besprechungen

Rollen

Rollen spielen eine wichtige Rolle im Scrum-Prozess. Sie grenzen Verantwortlichkeiten im Projekt klar ab und weisen den jeweiligen Projektmitgliedern klare Aufgaben zu. Betont wird vor allem, dass die Rollen einander nicht weisungsbefugt sind, da die Ergebnisverantwortung beim gesamten Team liegt: „Es bestimmt selbst, wie es seine Arbeit erfolgreich organisiert, statt sich von außen steuern und lenken zu lassen."[32] Das Scrum besteht im Kern aus Product Owner, Scrum Master und Development Team[33].

Die Rolle des **Product Owners** verantwortet das zu entwickelnde Produkt sowie den wirtschaftlichen Erfolg des Produkts[34]. Dräther, Koschek und Sahling fassen es so zusammen: „Der Product Owner ist für das WAS verantwortlich."[35] Der Product Owner vertritt im Projekt die Sicht des Kunden und die funktionale Spezifikation des zu entwickelnden Produkts: „Der Rolle gehört das Produkt"[36].

Im **Entwicklungsteam** findet die technische Umsetzung des Projekts statt, es ist für die Lieferung eines nutzbaren Produkts verantwortlich.[37] In den Worten von Dräther, Koschek und Sahling: „Das Entwicklungsteam (engl. Development Team) ist für das WIE verantwortlich"[38]. Es besteht aus 3-9 Teammitgliedern, deren Mitglieder unterschiedliche Funktionen repräsentieren, um eine möglichst breite Wissensbasis für eine selbstorganisierte Entwicklung zu gewährleisten: „Ein Team...verfügt in der Regel über alle erforderlichen Skills, um nahezu jeden Aspekt des Produkts/der Anforderungen selbstständig planen, bearbeiten und umsetzen zu können"[39]. Selbstorganisierte Teams sind ein wesentlicher Bestandteil von Scrum: „Alle Mitglieder handeln eigenverantwortlich, übernehmen gemeinsam die Organisation der Arbeit, planen und verteilen

---

[30]Goll, Hommel: Mit Scrum zum gewünschten System, S. 83
[31]Goll, Hommel: Mit Srcum zum gewünschten System, S. 84ff
[32]Dräther, Koschek, Sahling: Scrum – kurz & gut, S. 70
[33]Lang, Scherber: Auf dem Weg zum agilen Unternehmen, S. 204
[34]Goll, Hommel: Mit Scrum zum gewünschten System, S. 84
[35]Dräther, Koschek, Sahling: Scrum – kurz & gut, S. 62
[36]Lang, Scherber: Auf dem Weg zum agilen Unternehmen, S. 207
[37]Goll Hommel: Mit Scrum zum gewünschten System, S. 90
[38]Dräther, Koschek, Sahling: Scrum – kurz & gut, S. 59
[39]Dräther, Koschek, Sahling: Scrum – kurz & gut, S. 59

die anstehenden Aufgaben und kommunizieren auf direkten, kurzen Wegen."[40]

Für den **Scrum Master** steht das Funktionieren des gesamten Scrum Prozesses während der Entwicklungsphase im Mittelpunkt seiner Tätigkeit: „Der Scrum Master ist verantwortlich für ein intaktes und hocheffizientes Entwicklungsteam".[41] Wie allumfassend diese Verantwortung ist, wird im Folgenden deutlich: „Der Scrum Master ist für ALLES verantwortlich." [42]. Die Anforderungen an einen Scrum Master sind umfangreich und erfordern prozessuale sowie kommunikative Kompetenz: „Als Scrum Master beherrscht man Scrum und vertritt die dahinterliegenden Werte und Prinzipien"[43]. Wichtig ist vor allem die Rolle des Scrum Masters, wenn es darum geht, die Selbstorganisation des Entwicklungsteams zu sichern: „Er schützt das Team vor äußeren Einflüssen"[44]. Wie vielfältig die Aufgabe ist wird bei der Betrachtung der Aufgaben eines Scrum Masters deutlich: „Weitere Tätigkeiten sind Vor- und Nachbereiten der Meetings, Moderation, Gesprächsführung und Konfliktmanagement, Reflexionsräume aufmachen, Zusammenarbeit stärken, Lernen in die Organisation tragen sowie Organisationsentwicklung in Richtung agiler Unternehmen durchführen".[45]

Artefakte

Innerhalb von Scrum bezeichnen Artefakte Kernelemente der Projektmanagementmethode.

Mit **Product Backlog** werden alle Anforderungen an ein Produkt zusammengefasst, die „...in Alltagssprache geschrieben..."[46] nicht nur das Produkt beschreiben, sondern auch die Prioritäten in der Entwicklung vorgeben: „Ein gutes Backlog liegt immer priorisiert und strukturiert vor."[47] Für das Product Backlog verantwortlich zeichnet der Product Owner: „Der Product Owner ist Eigentümer und damit einziger Verantwortlicher für die Pflege des Product Backlogs."[48].

Sprints – und damit der vermutlich bekannteste Begriff aus dem Bereich von Scrum – stellen den Kern der Entwicklungsarbeit dar und geben die Geschwindigkeit der Entwicklung vor. Sprints sind wiederkehrende Zeitintervalle, in denen aus der Priorisierung des Product Backlog einzelne Product Backlog Items in potentiell auslieferbare Produkte transformiert werden: „Das Ergebnis eines Sprints ist ein Produktinkrement mit den im Sprint entwickelten neuen Eigenschaften."[49] Innerhalb des Sprints findet eine eigene Planung für den jeweilige Sprint statt, das sogenannte Sprint Planning, in dem ein eigenes Sprint Backlog – also eine Liste mit abzuarbeitenden Arbeitspaketen - entsteht[50]. Der Sprint endet mit einem Sprint Review Meeting, in dem die gelieferte Arbeit gemeinsam reflektiert im Sinne des Inspect and Adapt bewertet wird: „Ein Sprint startet mit der Planung und endet mit dem Betrachten der Ergebnisse sowie dem Reflektieren über die gemeinsame Arbeit"[51].

Für die Entscheidung über den Erfüllungsgrad einer Anforderung in der Entwicklung wird bei Scrum das Artefakt **Definition of Done** genutzt[52]. Die Definition of Done wird zu Beginn des

---

[40]Dräther, Koschek, Sahling: Scrum – kurz & gut, S. 61
[41]Goll, Hommel: Mit Scrum zum gewünschten System, S. 91
[42]Dräther, Koschek, Sahling: Scrum – kurz & gut, S. 66
[43]Lang, Scherber: Auf dem Weg zum agilen Unternehmen, S. 212
[44]Goll, Hommel: Mit Scrum zum gewünschten System, S. 91
[45]Lang, Scherber: Auf dem Weg zum agilen Unternehmen, S. 212
[46]Goll, Hommel: Mit Scrum zum gewünschten System, S. 92
[47]Lang, Scherber: Auf dem Weg zum agilen Unternehmen, S. 214
[48]Dräther, Koschek, Sahling: Scrum – kurz & gut, S. 63
[49]Dräther, Koschek, Sahling: Scrum – kurz & gut, S. 52
[50]Goll, Hommel: Mit Scrum zum gewünschten System, S. 93
[51]Lang, Scherber: Auf dem Weg zum agilen Unternehmen, S. 215
[52]Lang, Scherber: Auf dem Weg zum agilen Unternehmen, S. 221

Projekts durch das Team festgelegt, kann sich im Verlauf eines Projekts und mit jeder Reflexion zu einem Inkrement verändern: „Eine Definition of Done entwickelt sich ebenso iterativ wie das Produktinkrement selbst."[53] Durch die Definition of Done legt ein Entwicklungsteam die Kriterien für die Qualität des späteren Produktes fest: „Sie beschreibt das Qualitätsverständnis eines Teams und enthält alle Qualitätsmerkmale, die erfüllt sein müssen, damit ein Backlog Item, also ein Eintrag des Product Backlog als fertig (Done) gilt."[54]

Besprechungen

Im Scrum Prozess spielen Besprechungen eine zentrale Rolle. Sie dienen der Forderung nach Transparenz und Verfügbarkeit von Informationen, um den iterativ-inkrementellen Produktentwicklungsprozess zu stützen und im Sinne von Inspect and Adapt den Prozess anpassen zu können. In der Literatur werden die vier Kernmeetings innerhalb des Scrum Prozesses auch als Events bezeichnet (vgl Lang, Scherber: Auf dem Weg zum agilen Unternehmen, S. 222).

Im **Sprint Planning Meeting** – das wie oben beschrieben integraler Bestandteil des Artefakts Sprint ist – wird vor jedem Sprint eine Aufwandsschätzung für die abzuarbeitenden Arbeitspakete und deren Umsetzung mit dem Ziel der Planung des nächsten Sprints festgelegt: „Zu Anfang eines jeden Sprints wird der Umfang (das Was) und das Design bzw. die Umsetzung (das Wie) besprochen"[55]

Zur täglichen Abstimmung und Feinjustierung wird das **Daily** oder **Daily Scrum Meeting** genutzt, wobei der Product Owner nicht an diesem Meeting teilnimmt: „Diese Besprechung ist ein geschütztes[100] Meeting, an dem nur das Entwicklungsteam und der Scrum Master teilnehmen."[56]. Das Meeting dient dem Austausch von Informationen und der Planung des anstehenden Arbeitstages: „Das Daily bzw. Daily Scrum ist ein täglicher Austausch des Development Teams, um den Tag zu planen und die Zusammenarbeit zu synchronisieren."[57] Durch den permanenten Austausch ist das Team in der Lage, Abweichungen auf den Zielzustand hin zu erkennen und seine Arbeitsweise entsprechend anzupassen. Dieses Charakteristikum erklärt die zentrale Bedeutung des Daily Scrum Meetings im agilen Produktentwicklungsprozess: „Es ist damit eines der wichtigsten Inspect-and-Adapt-Meetings"[58].

Gegen Ende eines Sprints stehen zwei weitere zentrale Besprechungen an – das Sprint Review und die Sprint Retrospektive. Das **Sprint Review** dient zur Präsentation des aktuellen Sprintergebnis und zur Anpassung des Product Backlog, sollte dies sich als notwendig erweisen. Es ist aber auch Mittel zum empirischen Erkenntnisgewinn: „Man inspiziert, um Erkenntnisse zu erlangen, Risiken aufzudecken und den Fortschritt zu kontrollieren."[59] Der Fokus des Sprint Review liegt auf dem Produktinkrement und der Entwicklung des Product Backlog: „Somit ist das Sprint Review das wichtigste fachliche Inspect-and-Adapt-Meeting für das gesamte Scrum Team."[60]

Die **Sprint Retrospektive** als Abschluss eines Sprints stellt den Prozess und die Erfolge sowie Misserfolge in den Blickpunkt: „Die Erkenntnisse des Sprint Reviews noch unmittelbar vor Augen,

---

[53]Dräther, Koschek, Sahling: Scrum – kurz & gut, S. 104
[54]Goll, Hommel: Mit Scrum zum gewünschten System, S. 96
[55]Lang, Scherber: Auf dem Weg zum agilen Unternehmen, S. 225
[56]Goll, Hommel: Mit Scrum zum gewünschten System, S. 97
[57]Lang, Scherber: Auf dem Weg zum agilen Unternehmen, S. 227
[58]Dräther, Koschek, Sahling: Scrum – kurz & gut, S. 81
[59]Lang, Scherber: Auf dem Weg zum agilen Unternehmen, S. 229
[60]Dräther, Koschek, Sahling: Scrum – kurz & gut, S. 88

reflektieren die Teilnehmer über Möglichkeiten und Notwendigkeiten, die Qualität des Produkts ständig weiter zu verbessern."[61] Hierbei geht es weniger um die fachliche Entwicklungsarbeit und viel mehr um das Veränderungsmanagement innerhalb eines Projekts: „Es soll unter anderem über Menschen, Beziehungen, Prozesse und Tools nachgedacht werden und es sollen mögliche Veränderungen eingeführt werden."[62].

Allen Besprechungen gemein ist der Inspect-and-Adapt Ansatz, der dem empirischen Erkenntnisgewinn dienen soll und ein wesentliches Kennzeichen agiler Projektentwicklung ist. Es gibt weitere Artefakte in Scrum, die in der Literatur teilweise als ehemalige Artefakte (vgl Goll, Hommel: Mit Scrum zum gewünschten System, S. 98 ff.) aufgeführt sind. Diese können eher als Tools betrachtet werden, wie beispielsweise Burndown-Charts zur Verfolgung von Projektplänen. Auf diese wird im Folgenden nicht eingegangen.

Der Scrum Prozess

Die wichtigsten Eingangsgrößen im Scrum Prozess sind die Product Vision und das daraus vom Product Owner abgeleitete und im Laufe des Entwicklungsprozesses aktualisierte Product Backlog mit den daraus abgeleiteten Product Backlog Items. Die Product Vision im Scrum ist „...der Leitstrahl, an dem sich ein Projekt orientiert."[63] Sie beschreibt „...den Grund für die Durchführung und das angestrebte Ergebnis des Projektes."[64] Bei der Betrachtung des Scrum Prozesses in Abbildung 3 fällt der iterative Charakter des Entwicklungsprozesses ins Auge – er ist symbolisiert durch die gegen den Uhrzeigersinn laufenden ringförmigen Pfeile. Durch das iterative Durchlaufen des Product Backlogs entsteht nach und nach das Endprodukt. Der inkrementelle Charakter des Scrum Prozesses ist erkennbar, da nicht alle Backlog Items gemeinsam zur selben Zeit bearbeitet werden, sondern das Produkt fortlaufend Backlog Item für Backlog Item entwickelt wird. Im Scrum Prozess ebenfalls sichtbar sind die Meetings, die am Anfang und Ende eines jeden Sprints im Sinne des agilen Entwicklungsprozesses Transparenz, Erkenntnisgewinn und Inspect-and-Adapt absichern. Aus dem Prozess klar erkennbar ist, das Scrum als Rahmenwerk eine Projektmanagementmethode und keine Softwareentwicklungsvorschrift ist.

---

[61]Dräther, Koschek, Sahling: Scrum – kurz & gut, S. 90
[62]Goll, Hommel: Mit Scrum zum gewünschten System, S. 98
[63]Dräther, Koschek, Sahling: Scrum – kurz & gut, S. 120
[64]Goll, Hommel: Mit Scrum zum gewünschten System, S. 100

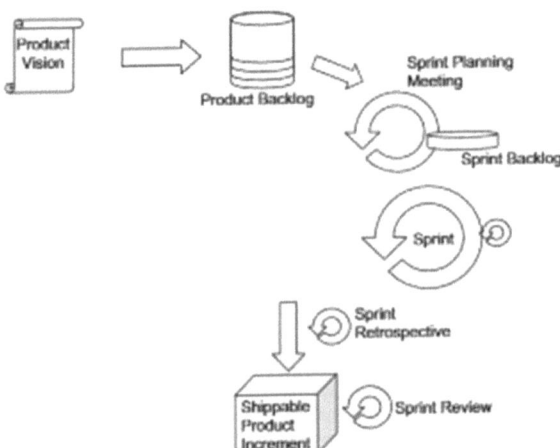

Bild 4-1 Von der Vision zum fertigen Produkt

Abbildung 4: Scrum-Prozess (Goll, Hommel: Mit Scrum zum gewünschten System, S. 87)

Scrum und Anforderungen an die Entwicklung von Embedded Systems

Scrum als agile Projektmanagementmethode bietet etliche Vorteile, die in der Literatur recht einheitlich beschrieben werden. Als Vorteile werden genannt: „...

- Inkrementelle Auslieferung von Produktteilen in kurzen Zeitspannen (…)
- Erhöhung der Motivation durch Selbstbestimmung (…)
- Verbesserte Kommunikation und Transparenz (…)
- Schnelles Feedback und Anpassung – lernende Organisation (...)"[65]

Ein weiterer Aspekt ist die Überzeugung, dass ein funktionierendes Team die Stärken aller Mitglieder für die Produktentwicklung nutzt: „Scrum ist ein hoch teamorientierter Ansatz...Dabei stellt man den Effizienzgedanken – jeder maß immer genau das tun, was er am besten kann – in den Hintergrund und setzt darauf, dass gemeinsam immer am wichtigsten gearbeitet wird."[66]

Goll und Hommel weisen aber auch auf zwei Nachteile von Scrum hin, die Bedeutung für die Entwicklung von Embedded Systems haben: die mangelhafte Visualisierung sowie die potentielle Vernachlässigung nicht-funktionaler Anteile in der Entwicklung. Die mangelnde Visualisierung mag im Zusammenhang mit einer nach Schaffung von Transparenz strebenden Methode nach einem Widerspruch klingen – gemeint sind aber Details in Product und Sprint Backlog und somit die Dokumentation: „Die Inhalte des Product Backlog und des Sprint Backlog werden oft

---

[65]Goll, Hommel: Mit Scrum zum gewünschten System, S. 108 ff
[66]Lang, Scherber: Auf dem Weg zum agilen Unternehmen, S. 197

unzureichend dokumentiert."[67]. White betont die Notwendigkeit einer guten Dokumentation – vor allem bei Embedded Systems mit kritischen Funktionen: „With medical, aviation, or other critical products, your bugs may be catastrophic (which is why you get to do so much paperwork)"[68].

Über die Dokumentation hinaus ist bei kritischen Systemen die Echtzeitfähigkeit zu gewährleisten und stellt besondere Anforderungen an den Entwicklungsprozess: „Echtzeitbetriebssysteme in Eingebetteten Systemen müssen Aktionen innerhalb bestimmter Zeitspannen ausführen."[69] Dies bestimmt die Auswahl von Hardware und die Entwicklung der Software ganz entscheidend als funktionale Anforderung eines Embedded Systems, wobei die Ausprägungen unterschiedlich sein können: „In some systems, the software must act deterministically (exactly at the same time) or in real time (always reacting to an event fast enough)."[70]

Nicht-funktionale Anforderungen an Embedded Systems sind beschrieben als: „...

- Zuverlässigkeit, Verfügbarkeit,
- Energie sparend,
- Effizienz,
- Größe und Gewicht sollen angemessen sein,
- Physikalische und elektronische Robustheit,
- Heterogenität, Verarbeitung unterschiedlicher Datenarten,
- Entwicklungszeit (Time-to-Market),
- Hardwareaufwand & Optimierung der Teilekosten..."[71]

Gerade die Hardware und der damit entstehende Aufwand bzw. die Kosten sind für Embedded Systems von zentraler Bedeutung: „However, creating a system that can be manufactured at a reasonable cost is a goal that both embedded software engineers and hardware engineers have to keep in mind."[72]

Auch die Tatsache, dass bei Embedded Systems die Entwicklung der Software zumeist auf externen Systemen stattfindet – das sogenannte Cross-Development oder Cross-Compiling – stellt ganz besondere Anforderungen an ein Entwicklungsprojekt. Für White ist das Cross-Compiling Merkmal von Embedded Systems: „Another way to identify embedded systems is that they are cross-compilers."[73]

Scrum im Embedded Systems Development

Führen die oben genannten Nachteile – die potentielle Vernachlässigung von Dokumentation und nicht-funktionalen Entwicklungsanteilen nun dazu, dass Scrum nicht als Projektmanagementmethode für Embedded Systems geeignet ist? Schließlich sind im Framework keine Rollen für Hardware-Entwickler vorgesehen – es ist ursprünglich eine Projektmanagementmethode aus der Software-Entwicklung. Auch die Koordination mit anderen Projekten ist nicht explizit aufgeführt, was bei Embedded Systems jedoch zwingend notwendig ist, sind sie doch per se in größere Systeme eingebettet. Allerdings ist die Entwicklung des Umfangs eines Embedded Systems nicht mit einem vor Projektstart definierten Lastenheft

---

[67]Goll, Hommel: Mit Scrum zum gewünschten System, S. 109
[68]White: Making Embedded Systems, S. 5
[69]Lange, Martin, Schweizer: Eingebettete Systeme, S. 73
[70]White: Making Embedded Systems, S. 1
[71]Lange, Martin, Schweizer: Eingebettete Systeme, 2. Auflage, S. 119 ff
[72]White: Making Embedded Systems, S. 4
[73]White: Making Embedded Systems, S. 1

abgeschlossen: „What you started building initially is not what you will end up with when development is complete. And development rarely ever is complete."[74] Diese Art der Unsicherheit spricht wiederum für die Nutzung einer agilen Projektmanagementmethode wie Scrum. Was also tun?

Die Firma Microconsult hat sich mit genau diesem Thema beschäftigt und empfiehlt, Scrum zu adaptieren: „Bauen Sie sich Ihr agiles Entwicklungsframework nach Maß"[75]. Besonderes Augenmerk liegt auf den Rollen. Bei Scrum existieren neben den drei Rollen des Kernteams (Product Owner, Development Team, Scrum Master) auch weitere Rollen: Anwender, Kunden, Manager und Projektleiter (siehe auch Dräther, Koschek, Sahling: Scrum – kurz & gut, S. 71ff). Die Empfehlung für Embedded Teams geht dahin, diese vier weiteren Rollen miteinzubeziehen und zwei weitere Rollen hinzuzufügen: die Rolle des Systemarchitekten und die Rolle des Hardwarearchitekten:

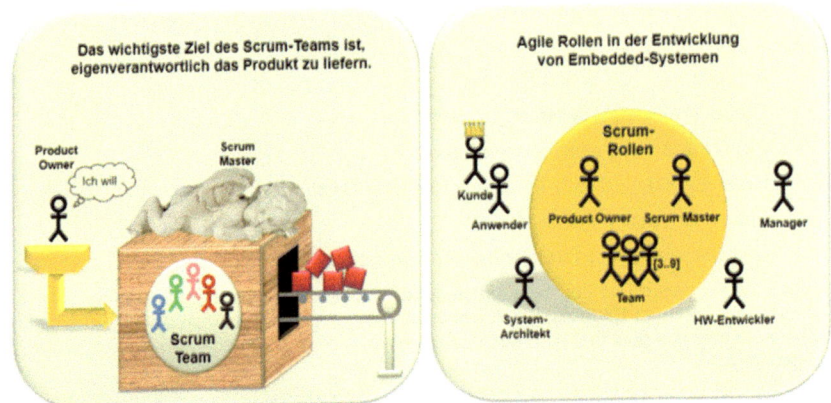

Abbildung 5: Scrum Teams im Embedded Systems Development (Quelle: https://www.microconsult.de/blog/2018/06/rm_scrumbedded/, zuletzt aufgerufen am 19.10.2019)

Über diese Rollen hinaus wird auch empfohlen, Rollen für das Testen von Hard- und Software vorzusehen, da gerade das Testen als große Herausforderung angesehen wird: „Das agile Testen im Embedded Umfeld ist eine besonders harte Nuss."[76]. Diese Herausforderung entsteht durch das Cross-Compling, sprich die Entwicklung auf einem Entwicklungssystem und den Transfer der Entwicklung auf das endgültige System.

Scrum ist durchaus eine geeignete agile Methode zur Entwicklung von Produkten im Embedded Systems Umfeld, bedarf aber der Adaption.

---

[74]White: Making Embedded Systems, S. 5
[75]https://www.microconsult.de/blog/2018/06/rm_scrumbedded/, zuletzt aufgerufen am 19.10.2019
[76]https://www.microconsult.de/blog/2018/06/rm_scrumbedded/, zuletzt aufgerufen am 19.10.2019

Ausblick

Welche Projektmanagementmethode im Endeffekt für welches Projekt sinnvoll ist, bestimmen das Produkt und seine Anforderungen. Agile Methoden eignen sich eher bei komplexen Projekten mit unklaren Anforderungen und unklarem Technologieeinsatz. Hier kann die eingangs erwähnte die Stacey Matrix bei der Einordnung hilfreich sein. Für die adäquate – nicht die „richtige" - Projektmanagementmethode ist es sinnvoll, sich die Hauptfaktoren eines Projektes anzusehen:

„Ein Projekt definiert sich durch die Faktoren:

- Umfang, Inhalt und Qualität der Projektergebnisse,
- Aufwand / Kosten,
- Zeit: Projektdauer und Termine."[77]

Projekte können unterschiedliche Gewichtungen dieser Faktoren aufweisen und genau diese Gewichtung – und damit die Anforderungen – bestimmen die Methode: „So ist das Projektmanagement der agilen Vorgehensweise durch den Geschäftswert bestimmt. Der Umfang ist variabel, wobei die Faktoren Zeit und Aufwand fest definiert sind. Im klassischen Projektmanagement hingegen ist dieses Verhältnis umgekehrt." [78] . Insofern sind agile Projektmanagementmethoden als Ergänzung zu den sogenannten klassischen Methoden zu betrachten, die unter bestimmten Umständen sinnvoll eingesetzt werden. Erweiterungen sind jederzeit denkbar, u beispielsweise den Besonderheiten eines Embedded Systems gerecht zu werden. Und in einer VUKA-Welt gilt um so mehr, dass die heutigen Methoden sich verändern werden und müssen.

Die vorliegende Arbeit hat auf ein Praxisbeispiel verzichtet, da der Fokus auf den systemischen Voraussetzungen der Methode Scrum sowie ihrer generellen Nutzbarkeit für Embedded Systems lag. Diesen Praxisbezug herzustellen ist möglich, würde aufgrund der Spezifika jedoch den Rahmen der Arbeit sprengen. Das Beispiel müsste ausführlich Hard- und Software sowie die Interaktion mit der physischen Welt beschreiben. Dies wäre schwierig im Rahmen eines kurzen Assignments zu erbringen. Auch die Beschreibung von Embedded Systems als solches wäre sicherlich ausführlicher möglich gewesen, wurde allerdings auf einige Kernbotschaften in Bezug auf deren Relevanz für ein Reflektieren der Eignung von Scrum beschränkt. Auch dies ist dem Umfang der Arbeit geschuldet, stellt aber ein eigenes und interessantes Gebiet dar. Im Rahmen einer ausführlicheren Studienarbeit böte sich dann die Kombination mit einem geeigneten Praxisbeispiel an, das im vorliegenden Fall die Lastkontrolle für eine Baumaschine gewesen wäre.

Interessant ist – aufgrund der parallelen Entstehung – die Beeinflussung agiler Methoden durch das zur gleichen Zeit aufkommende Lean Management. Der PDCA-Zyklus von Deming, der im Kaizen eine wichtige Rolle spielt, findet sich in fast jeder Literatur zu Scrum und zeigt die deutlichen Lean-Einflüsse auf Scrum: „Bei Scrum wird stets der **„PDCA-Zyklus"** von Deming, der sogenannte **„Demingkreis"** angeführt."[79] Auch die Meetingstrukturen weisen deutliche Parallelen zum Shopfloormanagement aus dem Lean Management auf - beispielsweise das Daily Scrum, das sein Pendant in den täglichen Meetings im Lean Management findet: „Täglich durchgeführte und klar strukturierte Besprechungen, die einem definierten Ablauf folgen, sind zentraler Bestandteil eines erfolgreichen SFM"[80] . Mit „SFM" ist hier Shopfloormanagement gemeint. Hier besteht mit großer Sicherheit weiteres Potential zur Verbesserung und Veränderung agiler Methoden und umgekehrt können agile Methoden für Projekte außerhalb der IT angewendet werden.

---

[77]Lang, Scherber: Auf dem Weg zum agilen Unternehmen, S. 250
[78]Lang, Scherber: Auf dem Weg zum agilen Unternehmen, S. 251
[79]Goll, Hommel: Mit Scrum zum gewünschten System, S. 9
[80]Leyendecker, Pötters: Shopfloor Management, S. 47

Letztendlich sind es die Projekte und ihre Anforderungen selber, die bestimmen, welche Methode adäquat für eine erfolgreiches Produkt sind und deren kontinuierliche Verbesserung treiben werden. Scrum ist eine dieser Methoden und auch Scrum wird sich agil entwickeln mit den notwendigen Anpassungen für seine Anwendung in spezifischen Anwendungsgebieten wie dem Embedded Systems Development. Es ist eine von vielen Methoden zur erfolgreichen Projekt- und Produktentwicklung.

Literaturverzeichnis

Bauernhansl, Thomas; ten Hompel, Michael; Vogel-Heuser, Birgit: Industrie 4.0 in Produktion, Automatisierung und Logistik, Springer, Wiesbaden, 2014

Dräther, Rolf; Koschek, Holger; Sahling, Carsten: Scrum – kurz & gut; O'Reilly, Heidelberg, 2013

Goll, Joachim; Hommel, Daniel: Mit Scrum zum gewünschten System; Springer, Wiesbaden, 2015

Groß, Michael: Digital Leader Gamebook, Haufe, Freiburg, 2019

Hanschke, Inge: Digitalisierung und Industrie 4.0, Hanser, München, 2018

http://www.enzyklopaedie-der-wirtschaftsinformatik.de/lexikon/is-management/Systementwicklung/Vorgehensmodell/Spiralmodell, zuletzt aufgerufen am 19.10.2019

https://www.ionos.de/digitalguide/websites/web-entwicklung/wasserfallmodell/, zuletzt aufgerufen am 19.10.2019

https://www.microconsult.de/blog/2018/06/rm_scrumbedded/, zuletzt aufgerufen am 19.10.2019

Lang, Michael; Scherber, Stefan: Auf dem Weg zum agilen Unternehmen, Hanser, München, 2019

Lange, Walter; Martin, Bogdan, Schweizer Thomas: Eingebettete Systeme, de Gruyter, 2. Auflage, Berlin, 2015

Leyendecker, Bert; Pöppers, Patrick: Shopfloor Management, Hanser, München, 2018

Porter, Michael E.; Heppelmann, James E. in Harvard Business Manager Edition 3/2018, Hamburg, 2018

Schelle, Heinz: Projekte zum Erfolg führen, Beck, München, 1996

Slomka, Frank: Implementierung eingebetteter Systeme, EBS304, AKAD University, Stuttgart, ohne Jahresangabe

White Elicia: Making Embedded Systems, O'Reilly, Sebastopol, 2011

Womack, James P.; Jones, Daniel T., Roos, Daniel: Die zweite Revolution in der Autoindustrie, Heyne, München, 1990

Abbildungsverzeichnis

Abbildung 1: Stacey Matrix (Goll, Hommel: Mit Scrum zum gewünschten System, S. 3)............4

Abbildung 2: Wasserfallmodell (Quelle: https://www.ionos.de/digitalguide/websites/web-entwicklung/wasserfallmodell/ zuletzt aufgerufen am 19.10.2019) 7

Abbildung 3: Spiralmodell (Quelle: http://www.enzyklopaedie-der-wirtschaftsinformatik.de/lexikon/is-management/Systementwicklung/Vorgehensmodell/Spiralmodell, zuletzt aufgerufen am 19.10.2019) 8

Abbildung 4: Scrum-Prozess (Goll, Hommel: Mit Scrum zum gewünschten System, S. 87)......14

Abbildung 5: Scrum Teams im Embedded Systems Development (Quelle: https://www.microconsult.de/blog/2018/06/rm_scrumbedded/, zuletzt aufgerufen am 19.10.2019) 16